U0064133

資優孩子 的 解憂思考法

曾昭瑜　著

曾竣新　繪

新雅文化事業有限公司
www.sunya.com.hk

目錄

作者的話：所有孩子都可接受資優教育 …………………… 4

序章

性格鍛煉是最好玩的遊戲 ………………………………… 6
拔思學校最有個性的 12 位同學 ………………………… 8

如何使用這本書？ ………………………………………… 10

第1課 我想被人讚！

個案 1：愛出風頭的機靈猴 ……………………………… 12
個案 2：左右為難的乖巧蛇 ……………………………… 18

第2課 我不想被人看扁！

個案 3：自卑的呆呆豬 …………………………………… 26
個案 4：自信盡失的衝鋒虎 ……………………………… 32

第3課 我想做自己！

個案 5：反復無常的善變兔 ……………………………… 40
個案 6：堅持己見的固執牛 ……………………………… 46

第4課 我想隨心而行！

個案 7：猶豫不決的**單純羊** 54

個案 8：衝動魯莽的**好勝馬** 60

第5課 我想有朋友！

個案 9：害羞的**含蓄犬** 68

個案 10：驕傲自負的**高傲鳥** 74

第6課 我想發奮讀書！

個案 11：力爭上游的**進取龍** 82

個案 12：得過且過的**隨性鼠** 88

第7課 我要找個神隊友！

個案 13：各有盤算的**同學們** 96

第8課 我要成熟一點？

個案 14：率性而行的**同學們** 104

作者的話：
所有孩子都可接受資優教育

　　你想過當人長大後進入社會，怎樣才算成功嗎？成為專業人士，擁有財富和地位？還是全面地具備專門知識，有智慧地面對未來的挑戰、明智地選擇適合自己的生活方式？

　　隨着科技發展、全球社會變化，將來的世界會是什麼樣子，可能遠遠超出我們的想像。為應對瞬息萬變的世界，現代教育着重多元化，而近年作為焦點的資優教育，更強調創造力、培養孩子解決問題的心態和能力。

　　和傳統的精英培訓不同，資優教育的精要並非加強知識灌輸，而是訓練學生的高層次思維技巧、創造力和個人社交能力。這三大能力的培訓，不會只限於某類人（例如：高智商學生），而是應該普及到不同資材的孩子；因為任何人，不論在工作或感情上，如想活得豐盛，這些能力都不可或缺。換言之，資優教育是開放給所有孩子，而非局限於那些被評估為「資優」的學生。

學校提供的資優課，是透過增潤及專門課程，去訓練學生的高層次思維技巧、創造力及個人社交能力。但誠如上文所言，廣義的資優教育是普及所有資材的孩子，所以資優教育不僅限於課程培訓，還有日常生活的體驗、反省和實踐。

　　本冊《資優孩子的解憂思考法》中，我創作了「拔思學校」的十二位孩子，借用了十二生肖的個性特徵，展示不同性格、喜好、能力的孩子，在遇人遇事時可能會出現的反應。但本書的重點，是指出任何性格傾向都有強的一面、也有弱的一面，沒有哪一種性格最好、哪一種最糟這回事。教育的目的不是去改變性格，而是訓練出一種能力，懂得發揮自己的長處，了解自己的短處；並且認識到，人生中很多事情，少不免和其他人合作，要學懂接受彼此不同，集大家所長，互相協調，才有可能為自己、為羣體帶來成功。

　　每個孩子都有其獨特個性，雖然不是人人都擁有天才智商，但絕對可透過資優教育，提升敏銳的觀察力，建立正確的價值觀，在成長的路上，無論遇到什麼人和事，都能善用自己的性格傾向，靈活應對。只要能明智地面對人生際遇，命運絕不會被注定，而是由自己去經營和打造。

曾昭瑜

序章　性格鍛煉是最好玩的遊戲

各位小朋友及家長：

　　你們好！歡迎來到拔思學校的家長觀課日，我是本校的校長，你們可叫我蘇校長。

　　本校的辦學宗旨，是培訓孩子的思辨能力及德性發展。我一直以 2,500 年前的古希臘大哲學家蘇格拉底為榜樣，致力引導學生正確思考、發掘潛能、追尋真理的能力。

　　今日，我要跟大家談的是——「性格」。

> 人們總是說「性格決定命運」，但是我認為絕對不是！
> 最能啟迪孩子知性發展的教育是遊戲。而最好玩的遊戲，就是性格鍛煉！

　　每個人的性格都有強的一面、也有弱的一面，孩子要學習怎樣將強的一面展示出來，將弱的一面調節，才能在生活中，將自己的特質恰到好處地應用出來。善用多角度思考，設想不同處境的可能性，命運就不會被性格限制。

蘇校長

「四種處境可能性」思考法

　　分析事物，最基本原則是：凡事有好有壞。認為事情只有好或只有壞，除了武斷之餘，亦忽視了不同處境下的可能性。所以大家面對問題時，可先羅列以下 4 種組合形式：

處境 1 我依照自己個性去做或思考，會得到想要的結果。

處境 2 我依照自己個性去做或思考，也得不到想要的結果。

處境 3 我換過角度，不用固有的習慣去做或思考，可能會得到想要的結果。

處境 4 我換過角度，不用固有的習慣去做或思考，還是得不到想要的結果。

　　在成長的過程中，孩子會面對種種問題。我向來教導學生，任何人遇到問題，往往陷於當前處境，忽略其他可能性。所以要解決問題，首先要找出在目前情況以外，自己還有什麼其他選擇。

以下我們來看看 12 位學生上課時，怎樣運用思考方法去排解疑難，看到事情不一樣的可能性吧！

拔思學校最有個性的 **12** 位同學

機靈猴

愛爭取表現、希望獲他人讚賞。

個案 1

乖巧蛇

做人非常圓滑，和任何人都相處得來。

個案 2

善變兔

為人變化無常，想法總是變來變去。

個案 5

固執牛

做人很有原則，對己見非常堅持。

個案 6

含蓄犬

非常內斂，不會在人前表露自己的情緒。

個案 9

高傲鳥

自覺勝人一籌，態度不可一世。

個案 10

你覺得自己的性格跟以下哪一位同學最相似呢？請你繼續閱讀下去，看看自己有沒有遇過他們面對的問題吧！

呆呆豬
老是覺得自己比不上別人，但又介意被人看扁。
個案 3

衝鋒虎
重視他人意見，以此作為自己行事的指標。
個案 4

單純羊
優柔寡斷，老是拿不定主意。
個案 7

好勝馬
為人衝動，行事不計後果。
個案 8

進取龍
勤奮讀書，有很強烈的競爭心態。
個案 11

隨性鼠
對什麼事情都不上心，只想輕輕鬆鬆過日子。
個案 12

如何使用這本書？

本書透過 8 個課次中，拔思學校的 14 個情景故事，分析 12 種不同性格的人回應事物時的傾向，而導致的結果。如果我們想改變結果，可以按以下程序，用不同的角度處理事情。

1 故事設定為拔思學校某天的家長觀課日，每個個案的故事發展有相連性，你**可以順序看，也可以先看與自己性格相近的角色個案**，兩者都不會影響閱讀的樂趣。

2 12 個角色各有典型個性，你可以分析他們的性格特點，並代入角色去**經歷和感受他們的遭遇**；也可以從旁觀者的角度，**觀察和反思他們的行為**。

3 你可採用**「四種處境可能性」**這種高層次的思考方法，探討不同性格的人物遇事時，會有怎樣的應對和出現哪 4 種處境，然後**選出和自己想法最貼近的處境**。

4 從 4 種處境中，找出對應的**「性格分析」**以及相關的小建議，讓你可從中**了解自己多一點**。另外也可嘗試換個想法，說不定最後會帶來更好的收獲。

5 在課次的最後，你可看看該個案的總結，以及蘇校長分別給不同性格學生的金句。若你**常備這些提示金句，日後可以給自己打打氣**。

第1課 我想被人讚！

我要盡量表現自己！

我想每個人都滿意開心……

機靈猴

乖巧蛇

個案 1

愛出風頭的機靈猴

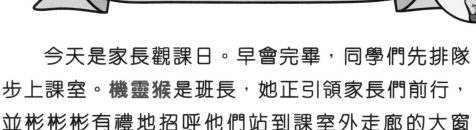

　　今天是家長觀課日。早會完畢，同學們先排隊步上課室。**機靈猴**是班長，她正引領家長們前行，並彬彬有禮地招呼他們站到課室外走廊的大窗前，等候開始觀課。

　　機靈猴對自己身為班長的職責很有自覺，認為管理課室秩序是自己的責任，何況今天她更要好好表現領導能力，給家長們留下良好印象。

　　「班長真是又乖又聰明！」聽到一些家長讚美的聲音，機靈猴嘴角泛起微笑。她內心得意，很滿意自己的表現，然後回到課室和副班長收集功課。

　　「請大家把功課放在枱面左上方，方便我和副班長過來收集。」機靈猴指揮同學拿功課出來，開始走向同學座位，面孔保持專業笑容——有禮但帶點高高在上。

　　旁邊傳來同學的竊竊細語。

她又擺架子了！

我們根本不用她提醒怎樣放功課，她分明是想表現自己！

機靈猴聽到後，很想轉身駁斥，但家長正在看着課室內的一舉一動，這時和同學起爭執，會給家長留下不好的印象。

老師來了，開始準備上課。機靈猴只好裝作若無其事，把功課放在老師的枱上，默默回到自己座位，感到很委屈。

我只是想做好班長的工作，為什麼大家這樣說我呢？

求助同學：機靈猴

性格特點

> 我只是盡班長的責任啊！

- 為人機靈，善於針對情況作出相應行動。
- 愛爭取表現、希望獲他人讚賞。
- 天資聰敏、成績名列前茅、很有自信。
- 由於過分積極表現自己的作風，往往給人自以為是，過於造作的感覺。

搞不懂！大家不是應該感謝我盡心盡力的服務嗎？

換了是你，你會怎樣回應呢？覺得自己沒被欣賞很委屈嗎？

機靈猴是學校的鋒芒所在，積極參與課外活動，老師有什麼需要幫忙時，她會第一時間衝出來主動幫手。

她認為自己很有能力，能為同學服務既驕傲又開心，看到老師對自己的讚賞，就更加肯定自己。可是，正因鋒芒太露，反而惹來同學的反感。

換了是你，自己的付出得不到讚賞，會不會一樣感到委屈，覺得自己被誤解？以下的想法，你屬於哪一個呢？

處境1 我盡了班長的責任，如果同學仍有不滿，我會檢討有什麼可以改善。

處境2 我盡了班長的責任，同學可以對我有意見，但絕不會影響到我！

處境3 老師和家長的讚賞才是最重要！

處境4 同學們的不滿只是嫉妒，我才不理會他們怎樣想！

翻到後面看看分析結果。

性格分析

你會接受別人的批評嗎？

1 我盡了班長的責任，如果同學仍有不滿，我會檢討有什麼可以改善。

　　擁有過人的能力並願意服務他人，同時又不自滿，是很高尚的情操。因為真正的領導才能，包含能夠自省、了解他人需要、明白對方感受。即使現在未能完全做到，但應以此為目標不斷改進。

> ◉ 不自滿代表相信自己可以更進步，是邁向成熟人格的重要一環。

- -

2 我盡了班長的責任，同學可以對我有意見，但絕不會影響到我！

　　能肯定自己的實力，並履行責任是成熟的表現。但盡責除了對自己外，大部分情況涉及他人，例如做班長，就是協助老師、幫助同學，因此在展現自己能力的同時，亦要考慮他人的感受。

> ◉ 真正的領導能力，是利己又利他，而非滿足虛榮。

3 老師和家長的讚賞才是最重要！

　　做班長不是為了顯威風，要爭取認同的對象也不是只有老師、家長等地位較高的人。因為班長的服務對象也包括同學，如果不能獲得同學的信任，顯然自己還有很多不足之處需要改進。

> ◉ 有老師的讚賞固然很好，但同時要有同伴的支持，才是真正的成功。

4 同學們的不滿只是嫉妒，我才不理會他們怎樣想！

　　即使自己認為已做得很好，不表示沒有進步的地方。他人的意見，有些可能真的出於個人情緒或偏見，但亦可能有參考的地方，自己可藉此檢討，從而改進。

> ◉ 真正的領導才能，是能夠知己知彼，要學懂分析他人的意見中，哪些是偏見，哪些是善意批評。

想展露自己的能力，代表你很有自信；想當班長，亦代表你有服務他人的心。盡力做好每件事，固然心安理得，但不表示可以不理批評，因為那些意見，可能包含令自己進步的提議。

左右為難的乖巧蛇

　　乖巧蛇是副班長，當班長機靈猴正在走廊跟家長溝通時，她站在課室門口監督同學魚貫進入課室。

　　她朝走廊外看，心想：「同學們都坐好了，我要不要過去幫忙班長呢？」乖巧蛇猶豫着，「但是班長可能會不高興，她自己都處理到，我不要去搶風頭。」

　　機靈猴和乖巧蛇兩人一直合作做正副班長，乖巧蛇早已摸清班長愛爭先的個性，所以會自動做助手，讓班長獨領風騷。

　　事實上，乖巧蛇是個善解人意的孩子，不想麻煩別人的同時，也希望能夠做到面面俱到，盡力滿足他人的需要。老師有時反而擔心，她過度遷就別人的作風，會令自己吃虧。

　　同學們坐好後，開始吵嚷副班長來收功課。

　　「機靈猴還在安排家長站好，我們稍等一會兒吧。」乖巧蛇禮貌地答。

你不是怕了班長吧？

你也是班長，你不用等她才一起做啊！

怎麼辦？應該順應大家的意見，立即收功課？還是應該等待班長？但老師來到發現功課還沒收齊、課室又嘈吵，會否很生氣？

乖巧蛇示意大家安靜，她朝走廊看去，機靈猴也在狠狠地盯着她，顯然在責備她沒管理好課室的秩序。乖巧蛇越想顧及三方——老師、同學和班長的感受，越不知所措，只呆呆地站在課室前。

個案 2 分析

求助同學：乖巧蛇　**性格特點**

- 善解人意、善於察言觀色。
- 處事時盡力迎合他人的想法。
- 很有能力、心思細密。做事不會只想到自己，還會考慮其他人的情況和感受。
- 同學都喜歡和乖巧蛇親近，覺得她很體貼，但她瞻前顧後的想法，卻令自己左右為難。

> 我應該聽哪邊的意見才好？

要怎樣做，才能令大家滿意呢？

換了是你，你會怎樣回應呢？
如何滿足所有人的要求？

　　尊重他人是美德，但如果他人的想法和自己的立場相違背，是否都毫無懸念附和呢？又或者身邊有十個人，但十個人各有不同意見，有沒有可能滿足所有人，做到面面俱到呢？

　　乖巧蛇想同時順應同學要求、又不會令班長不愉快、又不會惹老師生氣，所以覺得左右為難。

你有否也遇過不知怎樣做才好的情況呢？以下的想法，你是屬於哪一個呢？

處境 1 我希望人人都開心，所以會盡力滿足他人的要求！

處境 2 我希望人人都開心，但明白現實是不可能滿足所有人的要求的，所以我會取捨。

處境 3 無論怎樣努力，都不可能滿足所有人，所以我會先依自己想法做事。

處境 4 自己開心才重要，我完全不會理會他人想什麼！

翻到後面看看分析結果。

性格分析

待人處事是否要圓滑？

1 我希望人人都開心，所以會盡力滿足他人的要求！

　　我們只能做能力所及的事，而且很多時不能滿足所有人的要求。就如個案中的乖巧蛇，如果遷就班長機靈猴，恐怕會遭老師責備怠慢，所以就要衡量出「老師上課優先」，如班長不高興，之後才慢慢向她解釋。

> ⊙ 學懂衡量輕重，再調整應對方法，表現得處事圓滑。

---

2 我希望人人都開心，但明白現實是不可能滿足所有人的要求的，所以我會取捨。

　　確實在大部分情況下，我們未必能顧及所有人的要求，做到人人滿意。處事時能考慮周全固然很好，但亦要有能力作靈活應變。

> ⊙ 我們要懂得分辨事情的輕重，處事緩急先後。

3 無論怎樣努力，都不可能滿足所有人，所以我會先依自己想法做事。

現實上，我們確實很難滿足所有人的要求，但也不要因此罔顧他人的意見。要把事情真正做好，是能夠衡量輕重，找出應對方法，即使未能做到面面俱到，也不應顧此失彼。

⊙ 優秀的處事能力是先了解情況，
再正確評估自己可以做什麼。

4 自己開心才重要，我完全不會理會他人想什麼！

自己開心固然重要，但如果同時能為他人帶來福祉就更加理想。若他人對自己有意見，應嘗試檢討，看看有什麼值得參考的地方，自己可以改進，下次做得更好。

⊙ 很多時候，我們做事都涉及他人，即使
不可能做到面面俱到，但如能把別人的
福祉考慮在內，結果可能更加理想。

懂得顧及他人，是成熟的表現。不過真正的懂事不是去滿足所有人，而是做恰當的事。
在羣體中，每人各有要求，要令每個人滿意不是容易的事，所以我們要學懂權衡輕重，分辨出哪些才是應該做的事。

個案總結

　　機靈猴和乖巧蛇都願意服務他人。只是機靈猴過於在意自己的表現是否受人讚賞，而乖巧蛇則擔心能否滿足所有人。

　　如果你跟機靈猴、乖巧蛇一樣，肯定自己的能力，那就無需造作，做得好的話，自然有人欣賞。此外，對人對事抱持靈活開放的態度，即使遇到左右為難的情況，都會想到辦法應付。

蘇校長金句提提你

送給忙於追求他人讚賞的人：

> 受人讚賞是美事，但做事目的不是為讚賞，只要把事情做好，自然有人欣賞自己。

送給想面面俱到的人：

> 真正將事情做好，不是去滿足所有人的要求，而是懂得分辨事情輕重、緩急先後，再靈活應對。

我不想被人看扁！

個案 3

自卑的呆呆豬

數學科今天教的是四則運算法，老師鼓勵同學積極參與課堂活動，讓觀課的家長看看大家的課堂表現。老師問：「8+12÷4，等於多少呢？」

資優同學們紛紛舉手，成績中游的同學也不落後，把手舉高，希望被老師點名。可是坐在前排的**呆呆豬**，擔心自己會答錯，所以不作任何反應。

呆呆豬並非跟不上課堂進度，只是沒信心。他認為自己外表平平無奇、成績一般，和同學相比毫不突出，甚至一事無成。

不過呆呆豬在父母心中是個寶，豬媽媽覺得他長得圓圓胖胖很可愛，所以給他改了一個乳名：

傻豬豬～

站在走廊的豬媽媽看到自家孩子膽怯坐着，呆若木「豬」似的，很替他着急。豬媽媽想起昨晚才跟他溫習過「先乘除後加減」，認為他必定懂得這一題，所以情急地開口大叫——

「『傻豬豬』？呆呆豬原來你有這樣可愛的乳名！」同學們起哄笑道。

「你果然是『豬如其名』啊！」呆呆豬尷尬得要命，很想找地方躲起來。

個案 3 分析

性格特點

求助同學：呆呆豬

我很懊惱，媽媽令我在同學前很沒臉子！

- 欠缺自信。
- 自覺平平無奇，比不上人。
- 個性純良，雖然成績一般，但用心向學，只是自信心不足。
- 不敢在人前表現自己，害怕做得不好被人取笑，但又很介意被人看扁。

呀！我確實是又胖又蠢，我很討厭自己！

換了是你，你會怎樣回應呢？
覺得自己很糟怎麼辦？

　　如果父母從小就叫你「傻豬豬」這種不好聽的暱稱，你希望大家繼續這樣稱呼你嗎？而你真的會覺得自己又胖又蠢嗎？

　　當你陷入自我否定的思緒，往往只會看到事情壞的一面，忽略其他可能性。

　　換了是你，會不會同樣陷入思想的死胡同？以下的想法，你屬於哪一個呢？

處境 1
你們不要再叫我「傻豬豬」了！我已變得又瘦又聰明！

處境 2
你們不要再叫我「傻豬豬」了！我真的會自認又胖又蠢！

處境 3
你們叫我「傻豬豬」就算了，這只是暱稱。我已改變了，不會認為自己又胖又蠢。

處境 4
你們叫我「傻豬豬」就算了，反正我就是又胖又蠢，永遠都改變不了。

翻到後面看看分析結果。

你對自己有多了解？

1 你們不要再叫我「傻豬豬」了！我已變得又瘦又聰明！

如果你認為幼時的暱稱已不能代表現在的你，不妨大膽告訴父母你的感受。如果父母不再叫你的暱稱，代表你開始長大，心智越趨成熟。在成長路上，你需要常常自省，了解自己，努力成為自己心中想成為的人。

⊙ **不要妄自菲薄，同時也不要過分自滿。**

2 你們不要再叫我「傻豬豬」了！我真的會自認又胖又蠢！

父母叫你做「傻豬豬」，可能只是習慣，覺得你是他們寵愛的寶寶，並沒真的覺得你傻，而現實的你既不算太胖，也不算很蠢。父母、師長的的說話當中可能包含他們的個人喜惡和習慣，我們有時也要尊重。

⊙ **你需要學習分辨他人的意見，哪些值得參考，哪些只是偏見。**

3 你們叫我「傻豬豬」就算了，這只是暱稱。我已改變了，不會認為自己又胖又蠢。

你抱有積極的想法就對了。不過聽到自己不認同的說話時，與其忽視，應該審視當中的指導性，因為父母的人生經驗比你豐富，看事物比你成熟、全面，所以面對批評和意見，你應該虛心自省，認清自己有什麼地方需要改善。

> ⊙ 你可以把他人的意見視為參考，自省一下有沒有進步的需要。

4 你們叫我「傻豬豬」就算了，反正我就是又胖又蠢，永遠都改變不了。

如果你認為自己已經長大，不妨大膽告訴父母，幼時的暱稱已不適用於現在的你，不要認定自己就如他人所說的樣子。如果他人誤解自己，應該努力回應他們，面對問題去改善，不夠聰明可以憑努力改進，身體過胖也可以去減肥。

> ⊙ 努力以赴之後，大家會對你刮目相看。

你是個怎樣的人，不應由他人來界定。你現在是什麼樣子，都不是就此固定不變的。
理想的形象可以不斷塑造，只要給自己信心，在成長過程中發掘自己的潛能，就可開創新的可能。

31

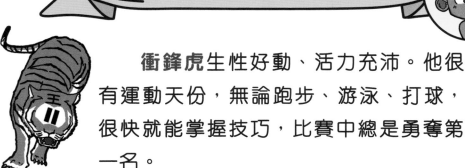

個案 4 自信盡失的衝鋒虎

衝鋒虎生性好動、活力充沛。他很有運動天份，無論跑步、游泳、打球，很快就能掌握技巧，比賽中總是勇奪第一名。

衝鋒虎一聽轉堂鐘聲響起，情緒馬上高漲。因為接着是體育課，還會進行足球比賽，這是他大展身手的時間！衝鋒虎蹦蹦跳跳走向足球場，滿懷期待聽老師分組。

老師把好靜的呆呆豬和好動的衝鋒虎編在同一隊，衝鋒虎看到隊友呆呆豬垂頭喪氣的樣子，開球時走近他身邊說：

你站着不動都可以，我一個人就可以替全隊取勝！

　　衝鋒虎父母都有來，還因兒子的精彩球技而表露出自豪的表情。衝鋒虎很是得意，開始不顧隊友，跑足全場，無論前鋒、中場、後衞，甚至守門員的職責都由他一個人獨攬。

　　「傳給隊友只會拖累我們輸掉！」衝鋒虎對隊友的提示充耳不聞，當他獨自帶球到龍門前，正準備起腳射入致勝一球時，卻稍不留神，犯下最低級的錯誤——「踩波車」！

　　衝鋒虎摔倒地上，他的腳踝扭傷了。經老師和父母評估後，他要退場，只能坐在場邊休息直到下課……

太沒臉了！同學一定會笑我，父母一定會很失望！

個案 4 分析

求助同學：衝鋒虎　　**性格特點**

- 很注重自己形象。
- 過度重視他人意見。
- 精力十足，懂得放大自己的優點。
- 過分在意他人的讚賞，往往用「令人讚美」、
  「不讓人失望」作為自己行動的指標。

> 比起自己失敗，我更難過的是讓爸媽失望了。

爸媽很失望，他們是怪責我？還是覺得丟臉呢？

換了是你，這一刻你會怎樣想？
滿足不了他人的期望怎麼辦？

　　無法展現實力而心有不甘，你有沒有試過和衝鋒虎一樣的經驗，背負着大眾的期望去參與一個活動，但最後卻令人失望而回呢？

　　很多人會擔心自己的能力未達到父母期望，或害怕被人看扁，因承受壓力而自責。

要是換了你，以下的想法，你屬於哪一個呢？

處境 1 我本身有實力，父母亦對我有期望，所以我做事只許成功不可失敗。我不會認輸，要返回球場！

處境 2 我雖然有實力，但父母對我的期望很高，為了不令他們失望，感到心很累。

處境 3 我有時覺得能力不足，達不到父母的期望，不過我會做好自己，對得起自己。

處境 4 我覺得怎樣努力也未能達到父母的期望。反正永遠不會成功，我要放棄了！

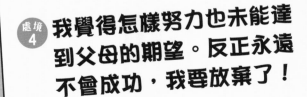

翻到後面看看分析結果。

你清楚自己的目標嗎？

1 我本身有實力，父母亦對我有期望，所以我做事只許成功不可失敗。我不會認輸，要返回球場！

你能夠肯定自我的價值，並盡力做到最好，是成功應有的心態，但你亦要有碰到挫折的心理準備，從失敗經驗中成長。而父母對你的期望，可視為鞭策上進的動力，但動力不等於目標，你需要找出自己的真正目標。

⊙ 保持自信，塑造自己更多方面的個性，靈活迎接未來的挑戰。

2 我雖然有實力，但父母對我的期望很高，為了不令他們失望，感到心很累。

肯定自己的能力並盡力做到最好，是成功應有的心態。但無論你的目標是什麼，重要的是對自己負責，而非僅滿足父母的期待。如果是以他人的基準來認同自己，很容易出現既不討好對方，自己又為難的情況。

⊙ 如果你有付出過努力，無論目標是什麼，都有機會取得成就，即使和父母的期望不同，一樣可令他們驕傲。

3 我有時覺得能力不足，達不到父母的期望，不過我會做好自己，對得起自己。

提升實力不是為討好他人，而是令自己變得更強、更好，以應對成長過程中的種種挑戰。能正確評估自己，培養出不同的能力和喜好，今天做不了的事，明天可能做到，甚至長大後與現在的自己迴然不同，不也很值得期待嗎？

⊙ 保持迎難而上的精神，即使未來變成怎樣也問心無愧。

4 我覺得怎樣努力也未能達到父母的期望。反正永遠不會成功，我要放棄了！

有意義的人生不是去滿足他人的期望，而是發掘自己的潛能，完成有能力做好的每件事情。即使現在力有不逮，但可以循序漸進，逐步提升自己，發揮自己的長處，改善自己的短處。學習接受自己，並願意改變，總會有嘗到成功的機會。

⊙ 想一想自己的真正興趣和專長是什麼，定一個新目標吧！

成為父母的驕傲，有很多可能性。舉個例，如父母期望你成為醫生，但你對研究人體沒興趣，或沒能力應付，無法達到父母要求。不過，如果你對其他方面有興趣，致力學習有關的知識，發揮專長，相信同樣可令你父母感到驕傲。

> **個案總結**
>
> 　　呆呆豬和衝鋒虎都在意他人的目光。呆呆豬因覺得自己平平無奇，選擇躲在一旁，避開他人注目；相反衝鋒虎積極表現自己，為的是滿足他人的期望。
>
> 　　如果你的性格跟呆呆豬或衝鋒虎相似，你們就要學懂適當地表現自我，但目的不是為了他人，而是能將自己好好表現出來，發揮自己的長處。

蘇校長金句提提你

送給沒有自信的人：

> 無論你想成為怎樣的人，只要相信自己，就能開創種種可能，有機會實現出來！

送給過分重視他人意見的人：

> 有意義的人生不是滿足他人的期望，而是發掘自己的潛能，完成有能力做好的每件事情！

第 3 課
我想做自己！

我最愛吃雞翼，也愛吃香腸。

只要我一決定了，就堅持不會再改！

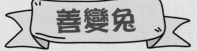

善變兔

固執牛

個案 5

反復無常的善變兔

接下來是常識課，老師給同學們的活動是：兩人一組作討論，擬出一份秋季旅行行程表，當中要考慮時間分配、活動內容等。

同學馬上分組，但卻沒有同學願意跟善變兔同組。這是有原因的，因為善變兔的想法總是變來變去，跟她討論根本不會有結論！

對此，善變兔有解釋：

> 我的主意每個都超好，所以才決定不了哪一個是「最好」！

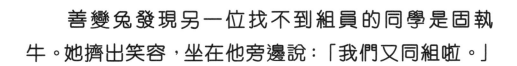
善變兔發現另一位找不到組員的同學是固執牛。她擠出笑容，坐在他旁邊說：「我們又同組啦。」

「先決定午餐時間，才決定玩什麼吧！」善變兔在工作紙上寫下「12:00」，之後又補充，「午餐前先玩遊戲消耗體力，肚子餓了才去吃午餐，會覺得特別滋味。」她再寫上「10：00二人三足」後，但隨即又把字刪掉了。

「不好！吃飽後才有體力玩遊戲，『二人三足』應該放在午餐後。之後再玩什麼好呢？」她跟固執牛解釋說。

「你剛才不是說先決定午餐時間，再決定玩什麼嗎？」固執牛板着臉問道。

「現在不是啦！要先考慮我們玩什麼，才可以決定什麼時間吃午餐。」善變兔提筆又把「12:00」刪掉，固執牛在旁看着，不客氣地嚷起來。

你究竟想先決定午餐時間，還是活動內容？我們花了半堂時間還在兜圈子！

41

個案 5 分析

求助同學：善變兔

性格特點

我滿腦子都是好主意……

- 反復無常，想法總是變來變去。
- 個性隨和，但略帶輕浮。
- 非常聰明，有很多新點子。可是每個點子都不會深入發展就給弄掉。
- 往往給人摸不着頭腦，甚至不認真的感覺。

其實我自己都不知自己想要什麼！

換了是你，你會怎樣回應呢？
你主意多多，但一個也沒去實行嗎？

　　頭腦敏捷、經常有新點子雖然很好，但如果點子只是來了又去，從沒深入思考，那充其量只是突發奇想，沒什麼建設性。

　　如果你像善變兔一樣，滿腦子都是點子，你會怎樣整理、組織，令其變成可實行的主意，而非只是說說就算的空話？

要是換了你，以下的想法，你屬於哪一個呢？

處境 1
我有很多主意來不及深思，下個想法又跑出來，我也沒辦法。因為我的思維太快，太有想像力！

處境 2
我的點子本來就是憑空創作，沒說過可以實行，不需要太認真！

處境 3
我有很多想法，但經常被批評是空想。我想學習細心思考，然後付諸實行。

處境 4
每個人都有自己的強項，而我就是出主意。至於如何實行，就交給那些有執行力的人去想去做吧！

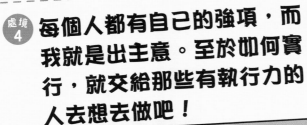

翻到後面看看分析結果。

你認真看待自己的想法嗎？

1 我有很多主意來不及深思，下個想法又跑出來，我也沒辦法。因為我的思維太快，太有想像力！

　　具備敏捷思考力和豐富想像力，是難能可貴的天資，但無論你有什麼精彩的主意，若不深入檢討、整理，都不可能實現出來，而當中需要的能力，就是培養邏輯和組織力。

> ◎ 想像力再加邏輯思辨，才能將心中所想，具體實現出來。

---

2 我的點子本來就是憑空創作，沒說過可以實行，不需要太認真！

　　「憑空創作」本來不是問題，但如什麼事都停留在想像，不深入計劃，什麼也做不出來。所以「先初步想出點子，再深入發展」才有可能取得實質的成果。

> ◎ 唯有認真看待自己的想法，才會找到方法去將它實現出來。

3 我有很多想法，但經常被批評是空想。我想學習細心思考，然後付諸實行。

能清楚自己長處和檢討不足地方，是良好的學習態度。你可加強自己在邏輯、組織方面的能力，一定能分析出哪些想法真的可以實行，哪些只是空想。結合直覺和邏輯，思辨能力就會大大提升。

> ⊙ 發揮想像力的天賦，再加強邏輯組織力，你的主意一定能實現！

4 每個人都有自己的強項，而我就是出主意。至於如何實行，就交給那些有執行力的人去想去做吧！

團體合作，各施所長，當然會大大提升成果。不過，如在合作中，了解到自己在哪方面不足，再嘗試改進，令自己的能力更全面發展，這不是更好嗎？

> ⊙ 在羣體合作中，學習增長補短，你的能力一定可以大大提升！

想像力是可貴的天賦，不過如止步在空想，實際什麼也沒法做成。增加自己在邏輯上、組織上的能力，你會發現你的想法再不只是紙上談兵，而是非常有建設性的好主意。

個案 6 堅持己見的固執牛

固執牛人如其名，是個不肯變通的人。他和善變兔正在討論旅行的午飯時間，他不耐煩地說：「午餐時間都要左思右想？平日我們都是 12 時半吃午餐的，保持 12 時半不就可以了嗎？」

「難得去旅行，為什麼不能改變作息時間表？」善變兔反駁。

「大家平日慣了 12 時半吃午餐，一到這段時間就會肚餓，要吃東西！」固執牛理直氣壯地說。他是個律己以嚴的孩子，非常遵守規矩和時間表。

「星期日不用上課，你在家不會準時 12 時半吃午餐吧？你跟爸媽上街，也會準時 12 點半到餐廳吃飯嗎？你完全不懂變通！」聽到善變兔一股勁兒來說自己，固執牛怒氣沖沖，但又反駁不起來。

但固執牛依然把工作紙上善變兔寫的東西全部刪去，在僅餘空白的地方寫上：

10:00 二人三足　　12:30 午餐

固執牛語氣強硬地說：「你剛才說過，要先玩『二人三足』消耗體力，肚子餓了吃午餐就覺得特別滋味。就這樣決定吧！」

「但我後來改變主意啊！」善變兔噘着嘴說。

「你承認自己變來變去了！」固執牛找到了善變兔的口實，得意地反駁，「我覺得第一個提案沒需要改！」

就在二人爭論不休時，老師宣布：「時間夠了！善變兔、固執牛，你們先出來匯報吧。」

固執牛和善變兔面面相覷，各自心想大事不妙。

我們還沒討論出行程表，這次又要捱罵了！

個案 6 分析

求助同學：固執牛　　**性格特點**

- 做人很有原則，非常堅持己見。
- 喜惡分明，不輕易被外在因素而動搖。
- 有自己一套，認定了的事會貫徹始終，不輕易改變。
- 面對環境轉變時也不懂變通，導致和人合作時，往往出現摩擦。

既然決定了，就要堅持下去！

大家說我難相處，但常言道「堅持才可成功」，
那我有什麼不對！

換了是你，這一刻你會怎樣想？
你會堅持己見到底嗎？

　　固執牛對人對事有自己的看法，一旦認定了的事物，即使人與事都變了，都不會改變固有的想法。

　　固執牛和善變兔商討行程時，其實善變兔後來提出來的方案都有值得討論的地方，但固執牛就認為第一個提案已可接受，沒必要再考慮其他。

要是換了你，你會堅持還是重新考慮？以下的想法，你屬於哪一個呢？

處境 1 我看人看事都不會錯！其他人說什麼都不會動搖我的信念！

處境 2 「貫徹始終」是做人道理，所以我一旦有了想法，無論是對是錯，都會貫徹到底。

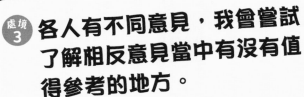

處境 3 各人有不同意見，我會嘗試了解相反意見當中有沒有值得參考的地方。

處境 4 我不是獨斷獨行的人，只是大部分時間，他人的意見很不濟。

翻到後面看看分析結果。

你學懂變通了嗎？

1 我看人看事都不會錯！其他人說什麼都不會動搖我的信念！

對自己有信心固然很好，但不代表沒有反省的地方。你應該開放自己，看看別人為什麼這樣想，透過他人擴闊自己的視野，才能真正做到「擇善固執」，而非「自以為是」。

> ⊙ 真正的堅持，是來自學識和視野，而非盲目執著。

2 「貫徹始終」是做人道理，所以我一旦有了想法，無論是對是錯，都會貫徹到底。

「貫徹始終」和「隨機應變」並非不相容，成熟處事的人兩者都兼備，重點是能夠判斷對什麼事「貫徹始終」，遇到變化時如何「隨機應變」。要做到這點，就要好好增進知識，並豐富人生經驗。

> ⊙ 勇敢接受挑戰，嘗試改變，你一定會喜歡變成更好的自己。

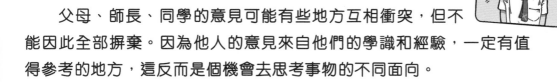

3 各人有不同意見，我會嘗試了解相反意見當中有沒有值得參考的地方。

　　父母、師長、同學的意見可能有些地方互相衝突，但不能因此全部摒棄。因為他人的意見來自他們的學識和經驗，一定有值得參考的地方，這反而是個機會去思考事物的不同面向。

> ◎ 必須有明辨是非的能力，否則只是固執己見，學不到新東西。

4 我不是獨斷獨行的人，只是大部分時間，他人的意見很不濟。

　　我們會碰到能力不如自己的人或比自己優秀的人，如果不抱持開放的態度，就會錯失學習他人長處的機會。真正的「擇善固執」是以豐富的知識和經歷作為基石，而這基石來自不斷的自我反省。

> ◎ 保持開放的態度，學懂分辨什麼信念要堅持，什麼可以調整。

固執不一定是壞事，只要那是正確的事。成熟的處事態度就是兼具「擇善固執」的堅持和「隨機應變」的靈活性。好好增進知識、拓展視野，才有能力選擇什麼信念是值得堅持。

個案總結

　　善變兔和固執牛在處事上南轅北轍，一個無定向風、一個堅定不移。

　　在合作過程中，他們只顧表露自己的本性，依自己一貫的作風做事，最終完成不到老師的要求。要是他們能接納對方的不同，並互補長短，一個出主意，一個判斷可行性，說不定結果會非常出色。

　　每個人都有長處和短處，個性都有盲點，但只要抱持開放態度和人溝通，在共同學習的環境下增長補短，對塑造更全面、更包容的自己一定有所幫助。

蘇校長金句提提你

送給反復無常的人：

> 學習將豐富想像力，作有條理的分析、整理，那樣空談會變成有建設性的無窮創意。

送給固執己見的人：

> 懂得何時要「貫徹始終」，何時要「隨機應變」，你的能力才能得到最強的發揮。

第 **4** 課
我想隨心而行！

我有選擇困難……

單純羊

我只看一眼就能選定目標！

好勝馬

個案 7

猶豫不決的單純羊

單純羊對自己想要什麼，從沒有清晰的想法，遇到要選擇時老是猶豫不決；即使最終決定了，又馬上會後悔。旁人看着她優柔寡斷的個性，忍不住會問：「你究竟想怎樣？」

小息時間，家長們準備了茶點。單純羊的爸爸是酒店大廚，特別做了三款精緻的蛋糕給大家分享：

藍莓、巧克力、原味，三種我都想吃啊……

三款蛋糕都是單純羊喜歡的味道，但爸爸為公平起見，要她在小息時間時，才可和同學們一起揀選蛋糕。

同學們看到各式蛋糕端出來了，一邊讚歎「單純羊，你爸爸很厲害啊」，一邊爭相取蛋糕。

「我最愛藍莓蛋糕！」「我要巧克力味！」同學陸續上前，挑選自己喜歡的口味。單純羊站在爸爸身邊，眼看桌面上的蛋糕逐一被取走，但還是拿不定主意要揀哪一款。

最後桌上只餘下兩件原味蛋糕，單純羊只好隨便拿一件，回到自己的座位。雖然她也喜歡原味，但很懊悔自己為何不當機立斷去拿巧克力味，明明那款的味道最濃郁。

課室內洋溢一片歡樂的氣氛，同學們對蛋糕讚不絕口，唯獨單純羊悶悶不樂，越想越後悔。

我這一刻最想吃巧克力味！

個案 7 分析

求助同學：單純羊

性格特點

- 優柔寡斷，連自己都不太了解自己。
- 面對要選擇的情況時，老是拿不定主意。
- 並不是凡事「無所謂」，相反，非常重視結果。
- 總是想一又望二，折騰一番後才能下決定，但馬上又會覺得選中的東西，其實不是自己真的想要。

我很後悔，應該一開始就下定決心！

呀！為什麼我不早一步下決定呢！

換了是你，你會怎樣回應呢？
你會後悔自己的選擇嗎？

面對選擇時，你根據什麼來做決定？是自己的喜好？能力？他人的意見？還是其他客觀因素？如果結果不如預期，你會否後悔自己的決定？

反過來說，如果你清楚自己喜歡什麼、想做什麼，會不會較容易下決定，而不輕易後悔呢？

換了是你，會不會同樣陷入抉擇危機？以下的想法，你屬於哪一個呢？

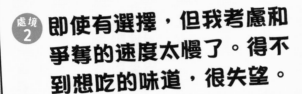

處境 1 有選擇總比沒選擇好，三款蛋糕我都喜歡，無論選哪一款，我都開心。

處境 2 即使有選擇，但我考慮和爭奪的速度太慢了。得不到想吃的味道，很失望。

處境 3 只怪爸爸不是每種味道都預留給我。不過無所謂啦，哪一款我都喜歡！

處境 4 只怪爸爸不是每種味道都預留給我，吃不到想要的味道，都是爸爸的錯！

翻到後面看看分析結果。

你對自己有多了解？

1 有選擇總比沒選擇好，三款蛋糕我都喜歡，無論選哪一款，我都開心。

有選擇，代表開放了多個可能性，是個好機會去反思自己真正的喜好。如果碰巧所有選項都合自己心意，當然是最理想，這亦反映你的興趣廣泛，包容性高，才會在面對選擇時，很多選項都合自己心意。

> ⊙ 能按照自己心意下決定，並承擔結果，是邁向成長的重要一步。

2 即使有選擇，但我考慮和爭奪的速度太慢了。得不到想吃的味道，很失望。

如果因為自己的三心兩意，錯過了先機，最終得不到想要的東西，那就要好好檢討，你是否已清楚自己的喜好？只有對自己有足夠的了解，才能在面對選擇時，作出果斷的答案。

> ⊙ 面對選擇是自我檢討的好機會，藉此了解自己真正的喜好。

3 只怪爸爸不是每種味道都預留給我。
不過無所謂啦，哪一款我都喜歡！

在沒選擇的情況下，唯有調節心態去接受。人生中很多情況，都沒有提供選擇的可能性，既然沒選擇，就應該努力接受，最終可能會帶來意想不到的美好結果。例如小孩子必須上學，但讀書可增長知識。

◎ 沒選擇不一定是壞事，學懂
認清現實是成長的一步。

4 只怪爸爸不是每種味道都預留給我，吃不
到想要的味道，都是爸爸的錯！

沒選擇之下，不情不願地接受，心裏難免不好受。不過人生中很多事情都沒有選擇，與其不開心、怪罪他人，倒不如積極面對，為日後創造有選擇機會的條件。

◎ 學懂調整心態，接受不理想的結果，
是邁向成熟心智的重要一環。

面對選擇感到猶豫不決並非壞事，反而是個機會，認清自己真正想要什麼。
成長過程中，我們會遇到更多情況更難取捨，我們要學懂審視自己，找出志向；即使選錯了，也能調節心情接受，日後作出明智選擇。

個案 8

衝動魯莽的好勝馬

面對桌面上三種口味的蛋糕，**好勝馬**立刻飛撲上前，但無論他身手怎樣敏捷，也越不過排最前的班長機靈猴。終於等到班長一轉身，立刻伸手拿了一件巧克力味蛋糕。

我能搶到大家喜愛的東西，我太厲害了！

　　巧克力味其實不是他的最愛，好勝馬不太喜歡甜食，只因為剛才班長已拿了藍莓味，他不想「抄襲」別人，所以想也沒想，迅速拿起巧克力味，做第一個拿巧克力蛋糕的人。

　　「巧克力味好受歡迎，只餘下一件！」好勝馬聽到有同學這樣說，心中洋洋得意。他人如其名，做什麼都要「一馬當先」，遇到競爭情況，他從不甘落後於人，總要搶得先機。

　　好勝馬回到座位後，立即咬下一口蛋糕，只是一嘗味道，他就不想吃第二口了，因為太甜了！

　　碰巧乖巧蛇從好勝馬身旁走過說：「真羨慕你，其實我也愛巧克力味，不過我讓其他同學先選。」

　　好勝馬聽到同學羨慕之情，馬上擠出一個得意笑容，只是內心感受非常複雜，吃了一口又不能送給他人。這時，好勝馬看看身旁的單純羊，她因為選得慢而只能吃原味蛋糕，他突然驚覺了。

無論搶先或落後，到頭來都不能吃到自己想吃的味道！

個案 8 分析

求助同學：好勝馬　　**性格特點**

- 為人衝動，行事不計後果。
- 凡事要快人一步，不容許自己落後。
- 有強烈的競爭心態，什麼都要搶得先機，佔有優勢。
- 只怪這種「搶了再算」的衝動作風，最後搶來很多不喜歡或不需要的東西。

機會在前，當然要搶先做第一！

我每次都是一時衝動，做了不想要的選擇！

換了是你，這一刻你會怎樣想？你會不甘心落後於人嗎？

　　好勝馬做什麼都想一馬當先，任何事都想插一腳，無論什麼事情都是做了再算、選了再算。

　　但很多時候，爭取回來的卻不是自己真正想做、想要的東西，結果有時甚至和預期相差很遠。

　　換了是你，一樣會做了再算？還是會停一停、想一想才行事呢？以下的想法，你屬於哪一個呢？

處境 1 只要是我想要的東西，我都會盡全力爭取，萬一情況不如預期，我會坦然接受結果。

處境 2 「快人一步」是我行事的宗旨，就算我不喜歡巧克力蛋糕，都會搶了再算！

處境 3 我從不衝動行事，凡事要符合自己的興趣。我不喜歡巧克力蛋糕，就算送我多少個，我都不會要！

處境 4 我從不衝動行事，但卻變成畏首畏尾的，結果什麼都沒做成。

翻到後面看看分析結果。

你有衝動礙事的情況嗎？

1 只要是我想要的東西，我都會盡全力爭取，萬一情況不如預期，我會坦然接受結果。

　　有這樣的自覺，證明你懂得分辨形勢，亦了解自己，然後才採取恰當的行動。凡是競爭都可能失敗，不是準備十足就一定成功。面對結果不如預期時，你懂得調整心態，表示你逐漸成熟長大。

◎ 能夠結合「快人一步」、「盡力而為」和「因時制宜」，成功機會將大大增加。

2 「快人一步」是我行事的宗旨，就算我不喜歡巧克力蛋糕，都會搶了再算！

　　「快人一步」是指相比其他人，自己更早做好準備，得到優勢。但不是凡事都要和別人爭奪和爭贏，就像個案中選蛋糕事件，雖然爭取了一件人人稱羨的蛋糕，但其實自己不喜歡吃，結果反而令自己沮喪。

◎ 為自己爭取有利位置是正確態度，但要看情況，並非任何時候都要爭第一。

3 我從不衝動行事，凡事要符合自己的興趣。我不喜歡巧克力蛋糕，就算送我多少個，我都不會要！

你能夠這樣想，證明你的心智邁向成熟。將來你仍會面對不同情境，有些要求你要做好準備才能成功；但也有一些是無需和別人競爭的，因為每個人的喜好和追求都不同。

⊙ 能分辨出什麼情況要盡全力取得優勢，什麼情況無需和人競爭，是成長中的重要一步。

4 我從不衝動行事，但卻變成畏首畏尾的，結果什麼都沒做成。

不衝動行事不代表態度消極，你需要明白有些東西是沒需要搶的。你要爭取的是真正想要的東西，並為此全力以赴。

⊙ 我們不要做好勝的人，而要為了值得的事而積極爭取。

面對選擇能夠當機立斷，是對自己的要求有相當了解，很清楚要選什麼。
相反，若只求捷足先登，只能「快、狠」，但並不「準」。一時的衝動很容易做錯決定。

個案總結

　　好勝馬的「衝動行事」和「有幹勁做事」是兩回事，我們要學懂當中的分別，前者只有高漲的情緒，但後者還有對自己的正確評估，清楚知道要怎樣做得好。

　　同樣，**單純羊**的「猶豫不決」和「謹慎行事」也是兩碼子的事，面對選擇，想清楚自己真正的渴求，然後才明智地採取行動；遇事猶豫不決，反映你未能掌握問題。

　　要是單純羊能學習遇事時「**當機立斷**」，好勝馬則在行動前，懂得「**停一停、想一想**」，最終他們都會爭取到自己真正想要的東西。

蘇校長金句提提你

送給猶豫不決的人：

> 多了解自己的喜好和能力，遇到選擇時，就容易下決定的了。

送給好勝的人：

> 比起和人爭長短，認清自己的能力更重要。勝利的真正意思，是將自己的能力全部發揮出來。

第 5 課

我想有朋友！

我不會跟比我差的人做朋友！

怎樣讓人喜歡跟我做朋友呢？

含蓄犬

高傲鳥

個案 9

害羞的含蓄犬

現在是小息時間，沒有家長在旁觀課，孩子們頓時如脫了繩的猴子，吵笑聲響遍課室，**含蓄犬**卻獨自坐在座位。

「含蓄犬，你也來一起玩『猜皇帝』嗎？」乖巧蛇邀請含蓄犬跟大家一起玩，可含蓄犬輕輕搖頭，表示不參與。

「不用叫他啦！他是孤獨精！」固執牛冷言說道，「玩什麼他都沒興趣！」

含蓄犬感到有點難受，但他個性內斂，不輕易在人前表露情緒。含蓄犬在班上不起眼，對什麼都不積極參與，他亦沒自信，總覺得自己無論外表和成績都平平無奇，所以在班上沒

交到朋友。

　　但其實含蓄犬的觀察力強，他留意到班上獨坐一角的資優生高傲鳥，跟他一樣愛獨來獨往。含蓄犬很欣賞她貫徹自我的作風，而且在堂上積極表現自己，這些特質都是自己沒有的。

　　「含蓄犬，高傲鳥，你們一起來玩吧！」乖巧蛇再問二人，或許一起來，他們會答應。

　　含蓄犬聽到後，心中期待高傲鳥答應，因為他一直希望和高傲鳥交朋友。

　　可是，高傲鳥一如平常，擺出一副冷淡的態度。含蓄犬很失望，但又沒勇氣主動問她可否一起玩。

我太膽小了，想跟她做朋友也不敢開口說！

個案 9 分析

求助同學：含蓄犬

性格特點

> 我想有朋友，但害怕別人不喜歡我。

- 害羞、靦腆。
- 沒信心和他人相處。
- 個性內斂、被動，不輕易在人前表露自己的喜惡，因此給人孤僻的感覺。
- 內心渴望和人交往，但不相信自己能討好別人，更害怕被人討厭。

呀～～ 我應該主動跟同學熟絡起來嗎？

換了是你，你會怎樣回應呢？
覺得自己沒被欣賞很委屈嗎？

含蓄犬一方面欣賞高傲鳥自信、不受旁人影響的個性，因為這些特質是他自己沒有的；另一方面，他又覺得自己和高傲鳥是同類型人，兩人都不積極社交，在班上也沒朋友。

如果含蓄犬欣賞的是高傲鳥的特質，他可否改變自己，去具備那些特質，而非欣羨他人呢？

換了是你，你會否積極結交朋友呢？以下的想法，你屬於哪一個呢？

處境 1 雖然我想跟別人做朋友，但我怕被拒絕，所以不會主動和對方熟絡。

處境 2 我屬於平平凡凡的人，沒人想跟我做朋友。

處境 3 我想跟別人做朋友時，會投其所好，令自己變得和他們一樣。

處境 4 我會主動跟別人交朋友，如果對方不接受我也無所謂，我不會為了交朋友而改變自己！

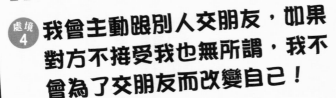

翻到後面看看分析結果。

你會坦誠交朋友嗎？

1 雖然我想跟別人做朋友，但我怕被拒絕，所以不會主動和對方熟絡。

友誼不是論高低、評優劣的東西。你想和某人交朋友，應該是真心想認識這人，所以不應該分誰先做主動。而且你出於真誠，就算對方不理睬，也不是什麼丟臉的事。

◎ 如果出於害羞不敢識朋友，這正是你要克服膽怯的機會，多給自己信心吧！

---

2 我屬於平平凡凡的人，沒人想跟我做朋友。

不要看輕自己，沒有「是否配得上」才可以做朋友這回事。友誼的建立，是雙方能坦誠相待，在彼此身上學習、共同成長。在長久的友誼中，變成更好的自己。

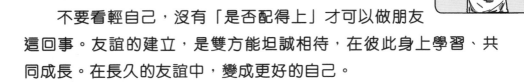

◎ 每個人都有長處、優點，別人總會喜歡你的一些特質，想和你交朋友呢！

③ 我想跟別人做朋友時，會投其所好，令自己變得和他們一樣。

懂得欣賞他人，並主動交朋友是好事，不過無需刻意為討好對方，裝作大家是同類人。為人處事應該坦誠，如果你跟「朋友甲」裝出一個樣子，跟「朋友乙」卻是另一個樣子，那真實的你是怎樣的呢？

> ⊙ 真正的友誼是互相學習，欣賞對方的同時，透過相處共同成長。

④ 我會主動跟別人交朋友，如果對方不接受我也無所謂，我不會為了交朋友而改變自己！

你欣賞別人身上一些特質，才會想跟他做朋友，透過友誼，彼此共同成長。但我們不應隨便改變自己，只為迎合他人。如對方不接受，也是個好機會讓自己想想，有什麼地方可以改進。

> ⊙ 交朋友不是要改變自己去迎合他人，而是透過友誼對自己有進一步了解。

友情是美好的，因為朋友能分享開心和不開心的事，而不是去比較和挑剔，更不用刻意改變自己迎合對方。
友誼是雙方平等的，並在交往中，學習如何和人相處，透過對方來了解自己，是成長的重要過程。

個案 10　**驕傲自負的高傲鳥**

啊！你作弊！

我沒有！

不要吵了！這回合就不算吧，再來！

課室傳來同學們玩「猜皇帝」的喧鬧聲。

「都這麼大了，還玩猜拳這麼幼稚！」坐在旁邊的**高傲鳥**聽着有點不耐煩，盡力地專心在書本上。

高傲鳥成績優秀，容貌出眾，老師對這位資優生讚譽有加，可是同學們卻不太想跟她玩。因為高傲鳥給同學高人一等、傲慢的態度，令大家感到不快。不過，高傲鳥毫不在乎，覺得同學只是出於妒忌。

雖然高傲鳥經常擺出不可一世的模樣，但她不是真的喜歡孤獨，她想有朋友，只是一向自負，不想紆尊降貴去認識別人。

高傲鳥發現含蓄犬偶然會在留意自己，但在她眼中，含蓄犬無論成績和外表都比不上自己，她不

會跟比自己差的人做朋友；但另一方面，高傲鳥把班中有實力的同學都視為假想敵，所以也不會想跟他們熟絡成為朋友。

高傲鳥不想再被打擾，故意大動作調整坐姿，但不小心手肘掃到書包，書包內文具全散落地上，場面非常尷尬。

這時，含蓄犬竟然來幫忙收拾地上的文具。

高傲鳥很滿意含蓄犬的體貼舉動，認為他性格溫馴，如果做朋友一定會很聽話。但是，她又陷入苦惱了……

難道要和比自己差的人做朋友嗎？

個案 10 分析

求助同學：高傲鳥　　**性格特點**

- 高傲、自負。
- 經常擺出不可一世的態度。
- 成績優異，容貌討好，深得師長的喜歡。
- 不會主動交朋友，因為對着差的同學，她會驕傲；對着優秀的同學，她又不服氣。
- 同學也看清楚她的態度，不想跟她做朋友。

> 我沒有朋友，但又不想跟比自己差的人做朋友……

不如，找一個乘巧又聽話的人來做朋友也不錯啊？

換了是你，你會怎樣決定呢？
朋友是用來滿足自己的虛榮嗎？

　　高傲鳥想有朋友，但卻為朋友的類別設限，認為只有和她旗鼓相當的人，才有資格當朋友。可是，那些符合她條件的人，卻不一定想和她做朋友。

　　高傲鳥後來認為也可和成績不如她的人做朋友，但只是因為自己想成為作主的一方。

　　這樣真的可以交到知心朋友嗎？

你有否跟高傲鳥抱持相同的交友態度？以下的想法，你是屬於哪一個呢？

處境 1 如發現一些我很欣賞的人，我很想跟他們做朋友，因我可以在他們身上學習，令自己變得更好！

處境 2 古語有云「近朱者赤、近墨者黑」，所以我只跟優秀的人做朋友，成績不如我的人，我絕不會理睬！

處境 3 我對朋友沒什麼要求，只要一齊玩時開心就可以，不開心就絕交。

處境 4 朋友就是無論什麼時候，都要站在我那邊的人，如果不依我，我不會視其為朋友！

翻到後面看看分析結果。

你對朋友有正確評價嗎？

1 如發現一些我很欣賞的人，我很想跟他們做朋友，因我可以在他們身上學習，令自己變得更好！

懂得欣賞別人是令自己進步的良好心態，真正的友誼，是朋友間彼此欣賞，互相學習。抱持開放的心靈，多發掘他人的優點，你會認識到更多更優秀的人。

> ◉ 能夠不和人比較，並以開放的態度發掘他人的優點，你會認識到很多好朋友。

2 古語有云「近朱者赤、近墨者黑」，所以我只跟優秀的人做朋友，成績不如我的人，我絕不會理睬！

我們的確要小心交朋友，不要和品格不良的人交往。但如果你揀朋友是只看成績和家庭背景，那代表你看人帶有偏見，而非公正評價別人。即使成績或家境欠佳的人也會有優點，而那些優點可能反而是你需要學習的地方。

> ◉ 交朋友講求志趣相投，而非論背景高下，只有摒除偏見，才會有真心朋友。

3 我對朋友沒什麼要求，只要一齊玩時開心就可以，不開心就絕交。

能和朋友一同度過愉快的時光是美好的事，但朋友不只是玩樂的對象，友誼所以可貴，是因為在和朋友的交往中，可以學習怎樣和人相處，而且朋友可作為一面鏡子，讓我們更了解自己。

◉ 嘗試深入了解對方，那麼你會認識到交心的朋友，而不只是玩樂的伙伴。

4 朋友就是無論什麼時候，都要站在我那邊的人，如果不依我，我不會視其為朋友！

擁有支持你的朋友當然好，但如果朋友和自己的意見相反，甚至起衝突，是否應該看看問題出現在哪裏？或大家的關係是否有改善的地方？或許透過檢討分歧之處，可以令自己有更好的改變。

◉ 朋友不是逗自己開心、無條件附和自己的人，而是激勵自己上進的友伴。

友誼的美好，是朋友間透過相處，學習到如何包容、欣賞他人。
朋友不是滿足虛榮，也不是用來消磨時間的對象。真正的朋友可令自己成長，成為一個更具開放心靈的人，豐富人生體驗。

個案總結

　　含蓄犬和高傲鳥都想和對方做朋友，只是一個自卑、一個自負，錯失了互相深入了解、建立友誼的機會。

　　雖然我們會傾向和自己類近的人做朋友，但如果跟氣質和才能與自己非常不同的人結伴，可能會擦出不同的火花。朋友之間無需刻意改變自己，也不應一個作主、一個附和，只有平等相處，才能建立真摯的友誼。

蘇校長金句提提你

送給有自卑感的人：

> 不要看輕自己，交朋友不是比較成績、背景，只要真誠待人，對方一定會願意和你做朋友。

送給自視過高的人：

> 朋友不是你的手下，用來滿足自己的虛榮。只有互相尊重、平等對待，才能建立真誠的友誼。

我想發奮讀書！

個案 11

力爭上游的進取龍

　　小息後是英文課，但家長觀課時段已結束。無法顯威風，最感到失望的是**進取龍**，因為他的英文成績是班上最好的。

　　進取龍喜歡爭第一，在班中，他跟機靈猴、高傲鳥的成績名列三甲，三人都被評為資優生。

　　高傲鳥的平均分總是最高，不過論個別科目，

進取龍的英文成績比二人更佳，他認為只要英文科每次保持 100 分，再在其他學科上努力，平均分有望超越高傲鳥。

「現在派回上星期的課堂工作紙。」老師一邊發還工作紙，一邊說，「大部分同學都有進步，大家都有認真努力。」

看到老師微笑地把工作紙放到自己桌上，進取龍當然沒懷疑自己拿不到 100 分，可他低頭看看分數，沒差點叫了出來，竟然只有──97 分！

「哪裏寫錯了？」進取龍慌亂地檢查工作紙，看到有一題改寫時態的句子，他不小心寫錯了。

「這一題明明我懂的！」進取龍內心驚喊，他偷偷瞄看「假想敵」機靈猴和高傲鳥，腦中起疑：她們拿了多少分？老師說有同學進步了，是不是指她們？要是她們都拿到 100 分，我不要說第一，第二也不保了！怎麼辦？

第一沒有了！
第二也沒有了！
我太失敗了！

個案 11 分析

求助同學：進取龍

性格特點

我要努力，一定要考第一……

- 勤奮讀書。
- 有很強烈的競爭心態。
- 天資聰敏，而且非常用功，但過分執著成績，亦愛和人比較。
- 即使成績名列前茅，但因為得不到第一名，對學業還是患得患失。

我怎麼可能 在這些小地方失手呢！

換了是你，你會怎樣想？ 你會因為拿不到第一而沮喪嗎？

　　努力提升自己，今天比昨天進步，是正確的學習態度；但如果想進步的目的，只是出於比較，要勝過他人，就是不好的心態，也為自己帶來壓力。

　　如果遇上實力和自己旗鼓相當的人，你會視之為競爭對手，還是學習對象？

換了是你，也會因為競爭時失手而沮喪嗎？以下的想法，你屬於哪一個呢？

處境 1
我努力上進是為了提升自己，而非和人比較。今天比昨天做得好，就已是一種推動力！

處境 2
我們生在競爭的環境，所謂「不進則退」，不想退步就唯有奮力上進。

處境 3
我們生在競爭的環境，成功就是勝過他人，任何人都是我的競爭對手！

處境 4
成功的人會受人尊敬，失敗的人會被人小看，為了不給人看扁，我一定要奮力上進！

翻到後面看看分析結果。

你會過分重視得失嗎？

1 我努力上進是為了提升自己，而非和人比較。今天比昨天做得好，就已是一種推動力！

這學習態度非常正確。無論讀書或其他訓練，進步的目的是增進學識、擴闊視野，令人生變得更充實，而非和人比較。把注意力放在自己身上，更能改善自己的短處。

◎ 超越自己，不斷改善，才是真正的成功。

---

2 我們生在競爭的環境，所謂「不進則退」，不想退步就唯有奮力上進。

從積極面看，競爭的環境意味周遭的人與事，提醒我們要擴寬眼界，增強實力，豐富見識和人生經驗。但將環境等同和別人競爭，反而看輕了成功的真正意義。

◎ 真正的成功是豐盛自己，他人的成功或失敗和自己並沒必然關係。

3 我們生在競爭的環境，成功就是勝過他人，任何人都是我的競爭對手！

成功和失敗不是零和遊戲，並非「一方贏了，另一方就是輸」。每個人都有長處、短處，差過自己的人可能某方面比自己強，世上沒有人是全方位優勝過其他人的；反之，亦沒有人完全一無是處。

> ⊙ 學習欣賞他人，從中找到值得參考的地方，從而改善自己。

4 成功的人會受人尊敬，失敗的人會被人小看，為了不給人看扁，我一定要奮力上進！

追求成功的目的是豐富自己人生，而非贏得別人讚賞。如果將成功視為被人尊敬，失敗則被人看扁，那你對成功、失敗的看法非常狹隘。他人的評價雖具參考性，但不是決定成敗的指標。

> ⊙ 上進奮鬥是為充實自己，並非和人比較。這才是正確要有的成功心態。

不斷提升自己實力，鞭策自己努力是正確的學習態度。但進步的目的應該是豐富自己的學識，而非和人比較。
此外，渴望成功的同時，也要有接受失敗的心理準備，碰到挫折時才能檢討、改進。

個案 12

得過且過的隨性鼠

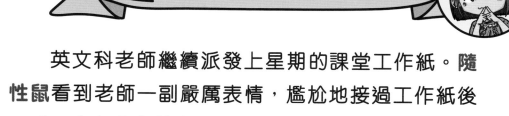

　　英文科老師繼續派發上星期的課堂工作紙。**隨性鼠**看到老師一副嚴厲表情，尷尬地接過工作紙後一看，右上角寫着大大的紅色——「62 分」！

　　隨性鼠的成績是勉勉強強被編入精英班，雖然班上有幾位資優生，但隨性鼠從沒覺得有壓力，因為她一向討厭競爭，盡了自己本分就足夠。

合格！
62 分不錯啦！

　　「大部分同學都有進步，大家都有認真努力。」可是老師望向隨性鼠的方向說，「不過還是有同學對學習不上心，有能力做得更好的，應該好好努力才是！」隨性鼠聽出老師責備自己的語氣，可她卻聳聳肩，沒當回事。

　　「你看！」衝鋒虎右手輕拍隨性鼠的手臂，左手展示自己的工作紙——上面寫着 73 分，他一臉得

意的表情，「我比上次進步了 10 分啊！」

「你今次多少分？」衝鋒虎忍不住問，「我們上次同分，今次你是否都比上次高分了？」

隨性鼠雖然一向不重視分數高低，可是今次好朋友的分數比自己高那麼多，而且自己更退步了，心中突然感到慚愧。

隨性鼠第一次介意自己的分數，而且為自己的懶散感到難為情⋯⋯

個案 12

求助同學：隨性鼠　**性格特點**

- 率性、隨和，和任何人相處都能自得其樂。
- 對什麼事都無所謂，只想輕鬆過日子。
- 隨性鼠對人對事都不會計較，正面來看，她不會以他人的標準來規範自己。
- 但另一角度來看，她對什麼事都不上心，缺乏上進心。

> 做人最重要開心，何必和人比較呢……

但是好朋友的成績都已拋離我，我是不是都應該着急一點呢？

換了是你，你會怎樣想？你會不甘心落後於人嗎？

　　隨性鼠認為做人最重要是開開心心，做好自己的本分，例和準時回校、交齊功課、考試合格就已經足夠，和同學比較只會給自己增添壓力。

　　但是，當她發現身邊的朋友的成績逐漸拋離自己，開始感到不安了。

換了是你，也會開始感到有壓力嗎？以下的想法，你是屬於哪一個呢？

處境 1　朋友越來越比我好，我的確為落後感到不安，但我不想改變自己，徒增壓力。

處境 2　朋友的成績已超前了我，令我很自卑，但我的能力就是這麼程度，努力也改變不了。

處境 3　身邊的朋友逐漸勝過自己，我再不能故步自封，要好好反省有什麼不足的地方，加以改進。

處境 4　雖然身邊的朋友逐漸勝過自己，但我不會為此不開心，也不會為任何人改變自己。

翻到後面看看分析結果。

你想變得更好嗎？

① 朋友越來越比我好，我的確為落後感到不安，但我不想改變自己，徒增壓力。

即使覺得自己比不上人，也不應看輕自己。每個人的能力不同，能取得成功所用的方法也不盡相同，與其說要迎合他人，倒不如說參考和借鑒別人優勝之處。真正的改變是今天比昨天成長多一點，明事理多一些。

◎ 勇敢接受挑戰，嘗試改變，你一定會喜歡變成更好的自己。

---

② 朋友的成績已超前了我，令我很自卑，但我的能力就是這麼程度，努力也改變不了。

即使覺得朋友已超前自己，也不應感到自卑；相反，應該看看朋友做到的地方，自己是否都可以達到。又或者，找出自己的長處，在此方面努力，也能取得理想的成果。

◎ 相信自己有能力做得更好，即使現時未達理想，只要付出努力，總有成功的可能。

③ 身邊的朋友逐漸勝過自己，我再不能故步自封，要好好反省有什麼不足的地方，加以改進。

懂得反省是改善自己的第一步，即使滿意現狀，不代表沒有改進的地方。每個人都有未發掘的潛能，能發揮出來，生活會過得更加精彩；而把朋友作為自己的推動力，也是一段健康的友誼。

◉ 成長意味開拓可能性，美好的友誼就是和朋友一同成長、探索未來。

④ 雖然身邊的朋友逐漸勝過自己，但我不會為此不開心，也不會為任何人改變自己。

不輕易受人影響是好事，但不代表不能欣賞他人，從中學習令自己變得更好。朋友不應拿來比較誰優誰劣，但可視之為激勵自己的伙伴。朋友不僅只是玩樂的同伴，也是互相學習的對象。

◉ 透過友誼去了解他人及自己，是成長的重要一環。

成功的定義並非和人比較，相反，不和人比較，也非表示對自己沒要求、不進步。
每個人的能力不同，與其和人比較，倒不如反省自己。真正的成功，是了解自己的長處和短處，盡量發揮長處，改善短處，令自己變得更好。

個案總結

　　進取龍和隨性鼠對「和人比較」方面各走極端，一個認為必須勝過別人，另一個則完全不在乎。

　　「和人比較」定高下只會增加壓力，但「參考別人成功之道」則可勉勵自己上進。成功不是指高人一等，而是將自己的才能盡量發揮，今天比昨天好、明天有更大的進步。

　　成長的樂趣是找到志趣相投的朋友，在友誼中互相激勵，在良性競爭下，塑造豐盛的未來。

蘇校長金句提提你

送給喜歡事事爭先的人：

> 世界沒有人是真正第一、也不會永遠第一。真正的贏家是專注自己，努力變得更好的人。

送給凡事無所謂的人：

> 不要埋沒自己的天賦，無論你的才能是在哪一方面，要是下工夫，將其展現出來，你會有不一樣的精彩。

我要找個 神隊友！

我要謹慎選擇組員，誰是
神隊友，誰是豬隊友呢？

機靈猴

隨性鼠

乖巧蛇

進取龍

高傲鳥

各有盤算的同學們

　　今日最後一課是視藝課，要進行分組活動。老師說：「你們四人一組合作繪畫。作業會計入平時分的，你們自行分組吧。」**進取龍**想到，同組的人會取得相同分數，一定要挑選可以取高分的同學！

　　「機靈猴，我們同一組好嗎？」**機靈猴**向來主意多，表現又出色，所有同學都想拉攏她，而進取龍比所有人搶先一步，邀請到機靈猴同組。**乖巧蛇**平日習慣了和機靈猴合作，自然也跟她湊成一組。

　　另外，**隨性鼠**對入哪組沒什麼所謂，但喜歡跟乖巧蛇合作時沒壓力，所以就跟着來加入。這一組的四人就集齊了！

進取龍　　機靈猴　　乖巧蛇　　隨性鼠

這時候，一向自視甚高的**高傲鳥**落單了。她本來已不愛團隊合作，也擔心被成績差的組員連累。

高傲鳥向含蓄犬的一組瞟了一眼，他們還欠一人，她心想：含蓄犬的成績一般，那組還有成績更差的呆呆豬和衝鋒虎，我不想和他們同組！

| 含蓄犬 | 呆呆豬 | 衝鋒虎 | 高傲鳥 |

於是，高傲鳥走向機靈猴那邊，想加入他們。

隨性鼠你去衝鋒虎那一組吧，你們不是好朋友嗎？

先來的人為什麼要離開？

不一定要和好朋友同組吧？

最後應該怎樣分組才好呢？

求助同學：進取龍、機靈猴、高傲鳥、乖巧蛇、隨性鼠

> 我想組員可以和睦一點。

> 我不想要被豬隊友拖低分數！

> 我凡事無所謂，你們就不用考慮我的意見嗎？

換了是你，你會怎樣想？
你根據什麼條件選組員？

　　機靈猴、進取龍和高傲鳥都非常重視表現，盡力爭取最佳成績，所以當進行分組活動時，自然想和可以提升全組成績的同學一組。

　　乖巧蛇和隨性鼠的鬥心雖然沒其他三人那麼烈，但兩人都想和自己合拍、相處得來的同學一組，反映她們重視同學的個性，以此準則來揀選組員。

你是不是也這麼想呢？還是你有其他標準去挑選合作伙伴？以下的想法，你屬於哪一個呢？

處境 1 既然同組的人會有一樣分數，我認同高傲鳥的想法，全組組員的能力是最重要的考慮條件！

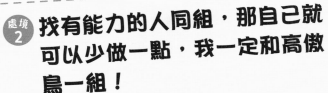

處境 2 找有能力的人同組，那自己就可以少做一點，我一定和高傲鳥一組！

處境 3 分組活動不是去玩，不是只求開心。所以我認同隨性鼠，分組時不一定要和好朋友同組。

處境 4 其實我不喜歡分組，因為太多東西要商量，我寧願獨自完成作業。

翻到後面看看分析結果。

性格分析

你會找對的人來合作嗎？

1 既然同組的人會有一樣分數，我認同高傲鳥的想法，全組組員的能力是最重要的考慮條件！

和有能力的同學同組，的確有助提高全組的分數，不過要取得高分數，不是只靠組員的能力，還有各人之間的默契。如果大家各持己見，不願意協調，最終反而做不出好成績。

◎ 要全組取得好成績，必須結合組員的能力，以及彼此間的默契。

2 找有能力的人同組，那自己就可以少做一點，我一定和高傲鳥一組！

分組時想和有能力的同學同組，這想法在策略上是正確的。但如果目的是坐享其成，把責任拋給組員，這就是不應有的學習態度。分組的目的，是要每位組員同等付出，學習分工合作的重要性。

◎ 組員間互相學習，增長補短，這種體驗比成績更重要，沒積極參與，最終什麼也沒學過。

3 分組活動不是去玩，不是只求開心。所以我認同隨性鼠，分組時不一定要和好朋友同組。

和好朋友一組，大家清楚對方的能力和做事風格，在合作上有默契，有助取得好成績。不過，如果每次都只和好朋友同組，可能做出來的作業大同小異。想突破自己的局限，不妨嘗試和不同人合作。

⊙ 和朋友合作有默契，和不同人合作有新火花，各有優點，每次分組可作不同嘗試。

4 其實我不喜歡分組，因為太多東西要商量，我寧願獨自完成作業。

老師要同學分組的目的，是想同學學習怎樣和人協商，發揮各自所處，互補不足，綜合各自能力做出作業。將來無論你在什麼領域發展，都需要和人合作，所以學習和人合作的技巧相當重要。

⊙ 取高分不是分組的唯一目的，學習如何和人合作同樣重要。

人類是依靠共同合作生活的。分組的目的就是讓我們學習如何跟人商議，各自發揮所長。就算組員不如預期，也要學懂調節心理，綜合條件去把作業完成，這是成功不可或缺的能力。

個案總結

　　機靈猴、乖巧蛇、隨性鼠、進取龍和高傲鳥雖然個性不同，但分組時他們找拍檔的指標相同、清晰，就是找對自己有利的拍檔（可以是能力上的、也可以是相處上的），令作業順利完成。

　　當你很清楚自己的目標，自然就會找到對的人和自己合作，就算分組時未能如自己所願，但願意嘗試和不同人合作，懂得隨機應變，增長補短，自然會做出好成績。

蘇校長金句提提你

送給正在找尋伙伴的人：

> 分組活動是讓我們學習，如何在合作的過程中，各自都能發揮所長，並包容彼此的差異。

第 8 課

我要成熟一點？

大人都說我已長大，要成熟一點，但怎樣才算是成熟？

固執牛

呆呆豬

含羞犬

善變兔

單純羊

好勝馬

衝鋒虎

個案 14

率性而行的同學們

「噹噹噹！」迎來響起的鐘聲，孩子們趕緊執拾書包放學，家長已在操場等孩子下來。

「衝鋒虎，你的腳在體育課時受傷了，追不到我了！」**好勝馬**向**衝鋒虎**挑戰賽跑，但二人一跑到操場，就被父母捉住了。

你忘了自己受傷了嗎？還敢亂跑！

衝鋒虎老是橫衝直撞，受了傷都還沒學乖。

他常常不理人感受，今次嘗到這滋味了。

「同學受傷了，你還逗他一起跑？你不太成熟了！」好勝馬也被父母責備了。**呆呆豬**和**單純羊**忍不住取笑他們，但單純羊的爸爸聽到他們在說別人閒話，嚴肅地拉着女兒的手就步出校門。

「為什麼好像是我做錯事似的？」單純羊覺得很委屈，她羨慕**善變兔**平日喜歡說什麼就做什麼。

另外，**固執牛**的爸爸今天來觀課，看到固執牛沒跟同學交流，問道：「你不和同學說再見？你已長大了，應該主動跟別人打招呼。」固執牛搖搖頭，他覺得其他人都很幼稚，自己沒興趣和他們講話。

相反，**含蓄犬**禮貌地和老師和同學逐一說再見。可是，其實他認為這只是客套禮貌，也覺得同學的打鬧很無聊；但是又因自己沒什麼朋友，多少感到寂寞。

怎樣才算是成熟呢？

個案 14　求助同學：善變兔、單純羊

> 我想喜歡說什麼就說什麼。

衝鋒虎、好勝馬、呆呆豬、固執牛、含蓄犬

> 我們不算胡鬧，為什麼爸媽這麼嚴肅呢？

> 我們都已經長大了，行為不能再這麼幼稚！

換了是你，你會怎樣想？
你已經長大，還是這麼貪玩？

　　衝鋒虎、好勝馬、善變兔是外向型孩子，喜歡蹦蹦跳跳、率真表達自己的快樂，大人卻經常提醒他們，都已經是小學生了，要學懂表現得成熟一點。

　　另一方面，固執牛、呆呆豬、含蓄犬、單純羊的性格較內斂，是班上安靜的學生。他們不積極參與同學間的玩笑，甚至覺得自己已長大，不應隨便吵鬧。

你又是哪類型的學生？以下的想法，你屬於哪一個呢？

處境 1 我遇到開心事自然興奮、對不喜歡的事也不掩飾。不過我會看環境來調整行為。

處境 2 想笑就笑，這是我的真實心情！大人經常提醒我行為要得體，但我就是辦不到。

處境 3 我本身喜歡安安靜靜，不想吵鬧，行為得體是成熟的基本要求！

處境 4 我害怕在人前表達真實感受，而且我都長大了，不會隨便哭笑吵鬧！

翻到後面看看分析結果。

你有長大成熟的自覺嗎？

1 我遇到開心事自然興奮、對不喜歡的事也不掩飾。不過我會看環境來調整行為。

懂得看情況來作出恰當反應，證明你已慢慢長大，不再以自己的情緒出發，而是顧及他人。真正的長大，是能夠做出恰當行為，而內心又能保持真誠。

⊙ 學懂謹言慎行，但同時保持內心的真誠，是真正的長大。

2 想笑就笑，這是我的真實心情！大人經常提醒我行為要得體，但我就是辦不到。

長大了仍能保持孩子的純真，是難能可貴的事。長大後要注意言行，表現得體，並不代表捨棄自己的本性，而是懂得顧及其他人的需要，再不是這麼自我中心。

⊙ 行為得體，代表你不再以自己為中心，懂得顧及他人的感受和需要。

3 我本身喜歡安安靜靜，不想吵鬧，行為得體是成熟的基本要求！

喜歡安靜和喜歡熱鬧一樣，是性格傾向，沒對錯之分。長大意味我們既能保持性格，又能發掘不擅長的另一面。即使愛獨處，但懂得如何和人相處；縱使愛熱鬧，也樂於獨個兒看書。

⊙ 發掘自己性格的不同面向，成長路上會變得更豐盛、有趣。

4 我害怕在人前表達真實感受，而且我都長大了，不會隨便哭笑吵鬧！

重視他人對自己的看法，代表你不會自我中心、我行我素，但也不要矯枉過正，將他人的眼光凌駕自己的本性、或故意表現成熟。懂得真誠表達自己，同時尊重別人，才是真正的長大。

⊙ 成長不是意味放棄玩樂，而是懂得分辨什麼時候率性表達自己、什麼時候收斂行為。

每個人都有獨特的性格，有些人好動、有些人文靜，沒有何種個性較佳、較有優勢。
長大不是要改變自己的個性，而是清楚了解自己有什麼地方需要強化和調整，從而令待人接物更靈活，以應對成長的挑戰。

個案總結

　　固執牛和好勝馬被提醒「都長大了，不要再孩子氣」，隱含的意思實是：長大了就要有責任心，不能只想到自己。

　　當你發現世上有比自己更重要的事物，不論是某人、某東西、某夢想，並願意去承擔責任時，就是你已長大了。

　　雖然伴隨長大，你要為自己及他人負責，但只要保持孩子的真誠，以超然的目光看待成長中的挑戰，即使遇到挫折，你也能以玩遊戲的心態一笑置之，再接再厲。

蘇校長金句提提你

送給成長中的人：

> 學習承擔責任、認真對人對事，但同時保持玩遊戲的心態，勝不驕、敗不餒，享受成長中的每個過程。

蘇校長站在校門前，看着操場上發生的一切。
他跟孩子說再見，也期待明天又見到他們回到學校，
迎上新的一課。

今天孩子們又帶着不同的體驗
回家，不論體驗了開心事還是
挫折，都豐富了他們的個性。

你讀完這書後，覺得故事中哪位同學
的性格和你最相近？
然而，無論你現在是什麼樣子，
都可以通過學習、生活體驗去提升、改進自己。
每個孩子都有獨特天賦，
都有能力和機會創造豐盛未來！